《群読》実践シリーズ

すぐ使える群読の技法

［基本から応用まで］

CD付き

日本群読教育の会＝企画
重水健介＝編著

JN303984

高文研

◆――はじめに

群読はまだ新しい文化である。「大勢で唱えれば、その願いごとはかなうだろう」からはじまった表現文化である。

群読は、大勢で読むのだが、文意にあわせて分担して読む。そこに特徴がある。今日、いろいろな場で、この表現が採用されている。読む楽しさが倍増すると同時に、訴求力が強まるからだ。

わたしたちは、この群読を教育現場にとりいれることで、子どもたちの表現力を育てようと考え、その研究団体として日本群読教育の会を組織した。

その研究・実践のなかで、「みんなで声を出す群読文化」は子どもの発達、とりわけ脳を活性化し、また、協力して表現することで、音読する喜びや楽しさを育て、表現力を磨き、その社会性を育てることも実証されてきた。

これまで、日本群読教育の会では、会員の日々の実践をまとめた『いつでもどこでも群読』『続・いつでもどこでも群読』（ともに高文研刊）を刊行し、群読教育の普及をはかってきた。

幸いにも好評を得ている。

今回さらに、群読教育の実践活動をより深めるために、《群読》実践シリーズを企画して、刊行することになった。極力ハンディな仕様にして、なるべくＣＤをつけて普及することにした。全十数巻を予定し、できたものから順次刊行をしていく予定である。

本書はそのシリーズの三冊目である。群読の特徴である分読《ぶんどく》のさまざまな技法とその表現法について、基本から応用まで具体的に紹介する。

本シリーズが、さらに群読教育の研究・実践を深めていくことを期待している。


日本群読教育の会創設者・前会長　家本芳郎

もくじ

Ⅲ章 いろいろな表現の技法

Ⅳ章　多くの技法を用いた群読例

装丁＝商業デザインセンター・松田　礼一
文中イラスト＝鳴瀬　容子

◆——CDもくじ

◆――CD収録参加者

（日本群読教育の会　会員）

相原　和正・海上　和子・加藤　恭子・加藤　征子・

草薙　優加・澤野　郁文・重水　健介・長塚　松美・

日置　敏雅・深澤　五郎・毛利　豊・山口　聡

一関市サークルえみしのみなさん（「わたりの技法」「壇の浦の合戦」）

一関市立南小学校六年生みなさん（唱歌「祭囃子」）

ＣＤ・ＢＧＭ＝澤野　郁文

✻——編集にあたって

◆◆群読の特徴は分読◆◆

文章や詩歌をみんなで一斉に読むことを斉読というが、厳密にいうと斉読は群読ではない。

群読の特徴は、みんなで分担して読むことにあるからだ。これを分読《ぶんどく》という。分読にはいろいろな方法がある。

たとえば、物語のように「登場人物ごとに読み手が替わる」方法がある。「一文ずつ順番に読む」方法もある。あるいは、「AとB二つのグループで読む」とか「ここは女子、ここは男子、あとは全員で読む」こともある。また、「音楽のバックコーラスのように、文を読むときもバックに言葉を流す」「途中から追いかけるように読む」「違う文を同時に読む」というような技法もある。

題材となる文章に、誰がどこを読むという読み手の分担箇所や、ここはこんな読み方をするという技法や注釈を書き込んだものを「群読脚本」という。音楽でいう楽譜のようなものである。

本書では、この分読に関する技法について解説した。

群読の実技講習会などで、「群読をはじめようと思うが、どのような場合に、どう群読したらよいのだろうか——」という質問を多く受ける。群読に取り組むとき、いろいろな分読技法の意味と使い方を知っていると、群読脚本をつくる上でたいへん役に立つと思う。

また、表現の技法についてもふれた。

基本は相手に伝わるように明瞭に読むことだが、「終わりを印象深くするために、だんだん小さくする読み方」や「わざとずらして読む方法」など、群読の効果を高める技法を紹介した。

「どんな読み方をしたら、この詩文をより印象深く表現できるだろうか」という技法を知っていると、表現効果がぐっと高まる。

表現の技法は、群読だけでなく表現一般に使われる技法でもある。教師がこうした分読や表現の技法を理解した上で指導することにより、子どもたちに楽しい群読の世界を示し、子どもたちの創造性を引き出すことができると考えて本書を企画した。

ただし、本書でここに紹介した技法は、まだその一部分にすぎない。

たとえば、分読の技法には、ほかに「囃子《はやし》言葉」や「合いの手」などがあり、表現の技法にも「曲節」などがある。ここでは、群読をはじめるにあたって、このような技法を理解し、活用できるようになれば、さらに楽しく深みのある群読ができるのではないかと思える、最小限のものを紹介した。

群読の技法には、分読の技法、表現の技法だけでなく、「声の大小」「間《ま》」「息つぎ」「緩急」など、発声の技法ともいうべきものがあるが、本書では取り上げていない。これらも合わせて学習を深められ、よりよい群読をつくり上げていただきたいと思う。

本書には、各技法の解説とともに、その技法の使用例としての群読脚本を掲載した。さらにその脚本を実際に群読した音声をＣＤとしてつけた。収録作品の多くの読み手は、「日本群読教育の会」の会員有志の方々にお願いした。それぞれの技法の解説を読むだけなく、群読の実際を耳にすることで、よりわかりやすく理解できると考えたからである。

本書がこれから群読をはじめてみようとする方々にとって、群読の技法を理解する上での参考になれば幸いである。また、本書をきっかけに、さらに群読の輪が広がり、楽しい群読の声が全国各地に響くようになれば、これ以上の喜びはない。

二〇〇七年一月

日本群読教育の会・事務局長　重水　健介

Ⅰ章

声の文化活動・群読

◆◆一体感をつくる群読◆◆

群読は大勢で声を出す活動である。

わたしが群読を知ったのは、二五年以上前のことである。当時、学級づくりに熱中していたわたしは、子どもたちみんなが楽しめて、さらに学級に一体感が生まれるような文化活動はないだろうかと思っていた。

そんなとき、日本群読教育の会の創設者・家本芳郎先生の実技講座に参加して群読に出会った。「地引き網」「ことばのけいこ」「おむすびころりん」「江戸ばか囃子《ばやし》」「らいおん」などいろいろな作品を、家本先生の温かくテンポのよい指導言に従って参加者全員で読んでいった。みんなで群読をしながら、その意味と技法を学んだ。その後、グループに分かれて「あめ」や「平家物語」の群読を発表したことを思い出す。

はじめは堅かった参加者の雰囲気が、群読をはじめたとたんに笑い声に包まれていった。わたしは、それまでは歌やゲームには少々抵抗があったが、群読には意外とスムーズに入っていくことができた。一人ではなく、大勢で読むので気楽に参加できたのである。

また、声を出すことが苦手な人を引き込むには、教師（リーダー）が一行ずつ模範の読み方を示し（範読）、それをみんなで追いかけるように読む（連れ読み）、という指導法が効果的であることも学んだ。

「生活指導や授業づくりなどのように、教育実践のメインディッシュたるテーマにはならないかもしれないが、群読はいわばオードブル的なテーマとして、子どもの意欲を引き出し、集団を育てる有力な文化活動である」という家本先生のお話を聞き、ささやかながら自分の実践に群読を取り入れようと決意した。

その後、学級や学年、学校行事の中で意識して群読の活用を心がけた。朝の会で詩の群読を取り入れてみた。また、年度初めの学年集会で、学年目標をみんなで群読したり、教師のあいさつを群読で行ったりしたこともある。生徒会役員の決意表明も群読でやってみた。文化祭の演劇でも一部群読を使ってみた、というようにである。

これらの実践を通して、群読はお互いのつながりを深め、連帯感を育てるにふさわしい活動であると確信するようになった。

◆◆協力性を育てる群読◆◆

日本群読教育の会では、全国各地で群読の学習会を開催しているが、「きょうは実際に群読を体験して学びます。後半は発表もしてもらいます」と宣言すると、「えーっ」と困惑したような表情をする参加者がいる。

「教室で指名され、発表するときの子どもも同じ気持ちかもしれませんね。声を出すことや、発表が苦手な方も、無理することなく気楽にやってください」と呼びかけて、学習会をはじめるのが常である。

群読は一人ではできない、お互いが協力しなければできない活動である。この協力性が、現代社会に求められている大きな力の一つだと思う。社会一般に、お互いが関わり、働きかけあう場面が希薄になっていると思うからだ。

わたしも、職場で毎日のように協力する難しさを実感している。それはきっと、どの職場や組織にもあることだろう。

そういう状況の中で、どう行動し、どう解決していくのか、その力が求められている。実際の学校現場に照らしていうと、教師から子どもへと向かう指導だけでなく、子ども同士の働きかけを促す指導や取り組みに、もっと力を入れるべきだと思う。

かつては、そうした協力性や交わりの力は、遊びの中でしぜんに身についていったが、少子化が進み、遊び場が少なくなり、同年代や異年齢の交流が減ってきて、必然的にそういう力をつけることが難しくなってきている。学校や地域、社会が、意識して、子どもたちが互いに協力して何かをつくりあげる、成し遂げる、そういう交流の場をつくる必要がある。仲間とともにつくりあげる楽しさと難しさを意図的に教えるためである。

協力性を育てるのにもっともふさわしい活動は、文化活動である。とくに仲間と声を合わせ、分担して読みあう群読は、いつでもどこでもだれでもできる、簡便にして効果的な活動である。群読を大いに推奨する所以《ゆえん》である。

◆◆群読のたくさんの効用◆◆

何度も述べているが、群読は大勢で声を出す活動である。声を出しあって表現する能力は基礎学力でもある。群読にはいろいろなよさがある。そのいくつかを列挙してみよう。

1　明るい雰囲気をつくる

実際に群読をしてみるとわかることだが、みんなで大きな声を出すと、その集団が活気づく。朝から大きく元気な声を出すことで活動的にスタートすることができる。

全国各地で開く群読の学習会も、毎回、最初は堅かった雰囲気が、群読をはじめると数分のうちに和やかな空気に包まれていく。このことからも、群読がその場の雰囲気を明るくする要素があることを確信できる。

2　仲間意識が育つ

新年度の教室に入ったときだった。子どもたちは新しいクラスに戸惑っていた。そんな中、子どもたちといっしょに群読をした。

（a）一人では乗り越えられないことがある。

（b）でも〔　　　　〕をあわせれば何かがきっとできる。

（c）さあ、きょうからみんなでいっしょに進もう……

という詩を提示し、〔　　　　　　〕に入る言葉をみんなで考えた。子どもたちは「みんなの力」という言葉を入れた。

そこで完成した詩を一行ずつわたしが範読し、その後を子どもたちが読んだ。次に斉読した。三回目は、（a）は男子、（b）は女子、（c）は全員と分担して読んだ。四回目には（a）と（b）の男子と女子を逆にして読んだ。読みながら「元気のよい大きな声が出てきた」とほめると、声はますます大きくなっていった。時間にしておよそ一〇分程度だった。

いっしょに声をあわせて読みながら、子どもたちの表情がやわらかくなり、仲間意識が育つことが実感できた。

3　いろいろな場面で活用できる

群読は国語の授業でと思うかもしれないが、実際には国語の授業だけでなく、行事や諸活動に活用することができる。

先に紹介した学級びらきだけでなく、「授業参観で保護者に向けて」「終業式にこの学期を振り返って」「文化祭や学習発表会で」「運動会の応援で」「入学式や卒業式で」、あるいは「地域の文化活動として」というように、いろいろな場面で活用されている。

わたしは朝の会に、「今月の群読」というプログラムをつくったことがある。月ごとの群読脚本を模造紙に掛け軸のように書き、それを見ながら朝の会をスタートしていた。
ある月の脚本例である。

1班　すすもう
+2班　すすもう
+3班　あしたへすすもう
+4班　勇気を持とう
+5班　失敗しても　いいではないか
+6班　力をあわせて乗り越えよう
全員　すすもう　すすもう　未来へすすもう
全員　ひらこう　ひらこう　あしたをひらこう

4　いつでもどこでもできる

修学旅行の終わりに、お世話になったバスの運転士や乗務員、添乗員の方に、みんなでお礼の言葉を、群読であいさつした。

代表六人が一人ずつ（ソロ）であいさつしたあと、六人がいっしょに「お世話になりました」「ありがとうございました」と言うと、その後を全員で声を出してつづけた。

このように群読は、道具もいらない、いつでもどこでも手軽にできる文化活動である。

5 人との交わりをつくる

群読はみんなで声をあわせる。読み手が変わるときに、文がぷつぷつと切れないように読む。つまり、文がしぜんにつながって聞こえるように読むことが大切である。

そのために、みんなで手拍子を打って呼吸をそろえたり、前の人の文を心の中で唱えながら、自分の文を遅れずに読み出すようにする。こうした練習をみんなでいっしょにやっていく中で、互いの協力性を育てることができる。

群読学習会で、小グループごとに群読発表の練習をするが、何度やってもうまくいかないことが起こる。そんなとき、グループ内で話し合ってみる。文の解釈について意見が対立することもある。話し合いの中で、共通の解釈を練り直し、それに適する技法をきめていく。役割りを交替したり、練習方法を変えたりすることもある。

群読には読み手同士が交わる機会をつくり、つながりを深める効用もある。

6 自己表現の力を育てる

子どもたちは休み時間は大声で話していても、授業中に指名して教科書を読ませたり、意見を述べさせたりすると、蚊の泣くような声で話すことが多い。

群読で日頃から声をあわせることで、公的な場面でも堂々と自分の意見を発表する力を育てることができる。群読は、こうした自閉化した体を解放し、自分をのびのびと表現する力を育てるのにふさわしい活動といえる。

7　聞く力を育てる

群読の実技学習会では、いろいろな群読脚本を小グループごとに発表する場合がある。

このとき、各グループの発表に対して、感想を述べるようにしている。

基本は「発表を聞き、よいところを三つさがしてほめよう」である。その後、「雨がぽつりぽつり降り始め、途中からひどくなる様子を声の大小でよく表現していた（教材解釈に優れていた、知識理解面）」「一つひとつの言葉がはっきり聞き取れた（明瞭な発声だった、技能面）」「途中失敗したが、すぐに立て直してみんなで最後まで発表した（協力性があった、態度面）」というように感想を述べる視点を示して、発展させていく。

この評価の仕方は、家本芳郎先生が開発した発表会での方法である。こうした例を参考にして群読発表会を学級や学年で開く実践が増えている。

自分の発表を聞いてもらうだけでなく、ほかの人の発表を聞くことにより、そのよい点を見つけ、とりいれながら、よりよいものをつくりあげようとする態度を育てることが可能である。

８　一人で読むより訴求力が強い

当然のことだが、一人で言うよりも、大勢で言う方が相手に与えるインパクトは強くなる。

生徒会役員選挙が終わり、新役員がきまった後、群読で決意表明をした実践がある。「太陽の生徒会」というキャッチフレーズを生かして次のように発表した。

役員全員　太陽
役員1　太陽は明るい。太陽のように活気あふれた明るい○○中をめざします
役員全員　太陽
役員2　太陽はあたたかい。太陽のようにいじめのないあたたかい○○中をめざします
役員全員　太陽
役員3　太陽は何色もの光を放ちます。太陽のようにいろいろな個性を認める○○中をめざします

このような決意表明のほかにも、たとえば、集会の成果や「○○宣言」のように、参加者全員で学んだことや共通理解したことを確認するために、群読は活用できる。今後もそうした実践はさらに多くなるだろう。

9　二人でも何百人でもできる

少なくとも、二人いれば群読はできる。子どもが一人しかいない小規模校でも、先生と子どもの二人で群読ができる。親子で、夫婦で、祖父母と孫で群読することもできる。家庭の団欒《だんらん》文化を育てることになる。

また、どれだけの大人数でも脚本を工夫すれば群読はできる。たとえば、A、Bという二グループの分読に単純化する、複雑なところはソロで読むというように。

群読は、何人でも参加できる活動である。

10　指導の力を高める

群読に限らず、文化活動は威圧的にやらせようとしても子どもたちはのってこない。ときに模範的な読み方を示し、子どもたちの読み方をほめ、次の課題を示しながら、より楽しい群読をつくるべく指導を工夫していく。

ここまでいくつか述べてきた群読の効用を考えながら、学校現場などで群読を取り上げるとき、しぜんと教師のいろいろな力量も高まっていくことだろう。

11　健康増進にも役立つ

地域の文化活動の中で群読を取りあげる実践が増えている。これまでは、スポーツや音楽、絵画などが多かったが、今後は群読を題材にしたサークルが、ますます増えていくだろう。

高齢者の方も多かったが、参加者の感想には「群読をはじめて風邪をひかなくなった」「週に一回みんなで声を出し合って、ストレスの発散になる」「群読をするとウォーキングの後のような爽快感がある」というものもあった。

声を出す活動は、心身の健康にもよいということだろう。

群読は新しい文化活動である。まだまだ歴史が浅く、わたしたちも試行錯誤をくりかえしながら、研究や実践の交流を深めている。これからも大いに取り上げ、広めていきたい「声の文化活動」である。

Ⅱ章

さまざまな群読の技法

1 役割り読み

配役を決めて読む読み方である。

詩や物語では地の文と台詞がある。配役ごとの台詞は原則として同じ人が読む。また、地の文は、ふつうは「ナレーター」「説明役」「語り手」が読む。

しかし、たとえば三〇人の学級のように、大勢で読む場合は、この「一役を同じ人が読む」方法では子どもが余ってしまう。その場合は、一つの役を数人で受けもつようにする。

ここでは、次のような点を心がける。

まず、なるべく似た声の人が同じ役を受けもつ。同じ役なのに、極端に違う声が次々に登場すると聞く人が混乱し、話の流れがわかりにくくなるからである。

また、ステージで発表するような場合、同じ役の者同士は観客に向かって縦一列に並び、先頭にその役の読み手が立つようにする。読み終わると、縦の列の最後尾に移動し、次の者が先頭にきて次の文を読む。配役と読み手をはっきりさせるためである。（図1参照）

【図1】　1．●がその文の読み手、↑の方向を見て読む。
観客側　↑●　◎　○
2．●が読み終わると◎と交替して読む。●は最後尾に立つ。
観客側　↑◎　○　●
3．◎のあとは○が読む。
観客側　↑○　●　◎

このように、一役を複数で表現する場合は、聞き手にわかりやすく伝える工夫をする。
役割り読みには、大きく次の二つの読み方が考えられる。
①＝ナレーター（地の文）と各役の人が、それぞれの役の台詞を読む。

「役割り読み」脚本例①

CD 1

長松役　「ウメ、眠てえか」
ナレーター　長松はウメを気遣うようにいった。ウメは
ウメ役　「いいや。眠たくねえ。父ちゃんが帰ってくるまでおら起きてる」
ナレーター　眠そうな声で答えた。
長松役　「父ちゃん帰ってこねえぞ」

ナレーター　長松がいうと、ウメは、
ウメ役　「父ちゃん。ずーっと帰ってこねえけど、どこさいったんだ」
ナレーター　と長松に聞いた。長松は
長松役　「ウメ、父ちゃんは、今、えれえ仕事をしているんだ。きのう、母ちゃんが、怖え顔して『父ちゃんのいねえこと、誰にもいっちゃなんねえ。わかったっぺ?』っていってたから、ウメも父ちゃんのいねえこと誰にもいうんじゃねえぞ」
ナレーター　と強い調子でいった。

②=①の読み方では、「ウメは」「眠そうな声で答えた」「長松は」「と強い調子でいった」のように、ナレーターの言葉が続くため、くどく聞こえることがある。そこで、ウメの台詞であれば「ウメは」「眠そうな声で答えた」の部分もウメ役が読むようにする。

✦「役割り読み」脚本例②

CD 2

長松役　「ウメ、眠てえか」と長松はウメを気遣うようにいった。
ウメ役　ウメは「いいや。眠たくねえ。父ちゃんが帰ってくるまでおら起きてる」と眠そうな声でいった。

長松役　「父ちゃん帰ってこねえぞ」と長松はいった。

ウメ役　ウメは「父ちゃん。ずーっと帰ってこねえけど、どこさいったんだ」と長松に聞いた。

長松役　長松は「ウメ、父ちゃんは、今、ええ仕事をしているんだ。きのう、母ちゃんが、怖え顔して『父ちゃんのいねえこと、誰にもいっちゃなんねえ。わかったっぺ？』っていってたから、ウメも父ちゃんのいねえこと誰にもいうんじゃねえぞ」と強い調子でいった。

2

ソロ・アンサンブル・コーラス

読み手の人数で分けた分類である。ソロは一人で読む、アンサンブルは少人数で読む、コーラスは大勢で読む。

ソロは「一人で読む」であり、「一人が読む」のではない。したがって、ソロの読み手を次々に交替していく読み方もできる。

人数の目安は、アンサンブルが全体の人数の六分の一、コーラスは六分の五程度とする。

「ソロ・アンサンブル・コーラス」脚本例

CD 3

ソロ	アンサンブル	コーラス
まつりだ	まつりだ	

おんなのみこしや
どけ　どけ　どけ　どけ
まつりだ
おんなのみこしや
どけ　どけ　どけ　どけ

わっしょっしょっしょ
どけ　どけ　どけ　どけ
わっしょっしょっしょ
まつりだ
わっしょっしょっしょ
どけ　どけ　どけ　どけ

まつりだ　まつりだ
わっしょっしょっしょ
わっしょっしょっしょ
わっしょっしょっしょ
わっしょっしょっしょ
まつりだ　まつりだ
わっしょっしょっしょ
わっしょっしょっしょ
わっしょっしょっしょ
わっしょっしょっしょ

3

漸《ぜん》増《ぞう》法（声の足し算）

読み手がだんだんと増えていく読み方である。「＋」の符号で表す。

作品の表現効果を高めるために用いる。たとえば、「だんだん勢力が増していく」「雪がだんだんひどく降ってきた」というような場面でこの技法を使う。

次の例で見てみよう。

Ａ　門司《もじ》、（ここはＡが一人で読む）
＋Ｂ　赤間《あかま》、（ここはＡとＢの二人で読む）
＋Ｃ　壇の浦に、（ここはＡとＢとＣの三人で読む）

まず、Ａが読み、その後、＋ＢでＢが加わってＡとＢの二人で読む。さらに、＋Ｃで、Ｃもいっしょに読む。つまり、ＡとＢとＣの三人で読む。読む人数が増えるにつれて、音量も大きくなるようにする。

子どもたちには、「漸増」というよりも「声の足し算」と紹介する方が、技法の意味を教えやすい。

「漸増法」脚本例①

CD 4

1　楽しい
＋2　楽しい
＋3　楽しい
＋4　楽しい
5　運動会の
全員　はじまりだ
1　走るぞ
＋2　走るぞ
＋3　走るぞ
＋4　走るぞ
5　ゴールを目指して
全員　最後まで

「漸増法」脚本例②

CD 5

1　すべて国民は、法の下《もと》に平等であって、
2　人種、
＋3　信条、
＋4　性別、
＋5　社会的身分
＋6　または門地《もんち》により、
7　政治的、
＋8　経済的
＋9　または社会的関係において、
＋1　差別されない。
全員　差別されない。

4

漸減法《ぜんげん》（声の引き算）

漸増法の反対で、次第に読み手が減っていく読み方である。記号は「＞」で表す。「声の引き算」と説明すると子どもたちも理解しやすい。

脚本例は、「源平盛衰記」の一節である。

三浦方が戦いに敗れて、だんだんと勢力が弱まっていくようすを、漸減法を使って表現している。

「漸減法」脚本例

CD 6

三浦方全員＋平家方全員　しばし、敵も味方も暇《いとま》なきさまに、今日を限りと戦いたれど、
三浦方（ＡＢＣＤＥ）　多勢《たぜい》に無勢《ぶぜい》
－Ｅ　日もようやく暮れゆけば、
－Ｄ　三浦氏、
－Ｃ　戦に疲れ果て、
－Ｂ　弱々しくとぞ見えたりける

5

乱れ読み

大勢で読む場合は、そろって読むのがふつうだが、乱れ読みは同じ詩文をわざとバラバラに読む。聞き手が「バラバラに読んでいるな」とわかるように読んでよい。

「§」の記号で表す。

このとき、読み手は次の四点から、どの方法をとるか選択する。

①自分の分担する文をはっきりと読む。

②乱れ読みする前に、ソロが「今からここを読む」と聞き手にわかるようにリード文として読んだあと、反復する形で乱れ読みに入る。

③次に何を読むかをはっきりさせたあと、乱れ読みに入る。

④主となる文がある場合、そこを一人が際だった声で明瞭に読み、ほかの人は、高い声、低い声、太い声などで、バック読みのように主文を引き立たせるようにやや声量を落として乱れ読みする。

「乱れ読み」脚本例

CD 7

ソロ　ああ一二時のサイレンだ、サイレンだ
全員　ぞろぞろぞろ出てくるわ　出てくるわ出てくるわ
全員　§ぞろぞろぞろ出てくるわ　出てくるわ出てくるわ
　　　§ぞろぞろぞろぞろ出てくるわ　出てくるわ出てくるわ
ソロ　月給取りのひる休み、ぶらりぶらりと手を振って
全員　あとからあとから出てくるわ　出てくるわ出てくるわ
全員　§あとからあとから出てくるわ　出てくるわ出てくるわ
　　　§あとからあとから出てくるわ　出てくるわ出てくるわ

6

追いかけ

音楽でいう輪唱である。

ある部分から、規則的に追いかけるように読む。追いかける場面がきたら、もとになる文をまず読んで提示する。そのあと追いかけていく。

これが原則である。

このとき、最後の読み手は最後には一人で読むことになるが、終わりを同じにするように、最初の人は最後まで読み続ける方法もある。

記号の表記は以下のようになる。

A　あめは　ざんざん　ざかざん　ざかざん
B　　　　　あめは　　ざんざん　ざかざん　ざかざん
C　　　　　　　　　　あめは　　ざんざん　ざかざん　ざかざん

「追いかけ」脚本例①

CD 8

A　あめは　ざんざん　ざかざん　ざかざん（提示してから）
A　あめは　ざんざん　ざかざん　ざかざん
B　　あめは　ざんざん　ざかざん　ざかざん
C　　　あめは　ざんざん　ざかざん　ざかざん
A　つぎからつぎへとざかざかざかざか（提示してから）
A　つぎからつぎへとざかざかざかざか
B　　つぎからつぎへとざかざかざかざか
C　　　つぎからつぎへとざかざかざかざか

「追いかけ」脚本例②

CD 9

A　あめは　ざんざん　ざかざん　ざかざん（提示してから）
A　あめは　ざんざん　ざかざん　ざかざん　ざかざん　ざかざん
B　　あめは　ざんざん　ざかざん　ざかざん　ざかざん

C「あめは　ざんざん　ざかざん　ざかざん

A　つぎからつぎへとざかざかざかざか（提示してから）

A「つぎからつぎへとざかざかざかざかざかざかざかざか

B　　つぎからつぎへとざかざかざかざかざかざか

C　　　つぎからつぎへとざかざかざかざか

7

異文《いぶん》平行読み

ふたつ以上の違った文を同格に読む読み方である。同時に読むので、聞いている人はそのそれぞれの文がはっきり聞き取れなくなるが、それでよい。そのとき、各文を平行読みする前に、各パートが「今からここを読む」と聞き手にわかるようにリード文として読んだあと、反復する形で平行読みに入るようにする。

脚本例では、異文平行読みによって激しい戦闘の様子を表現している。

記号は次のように表す。

A　さしつめ引きつめ、（五回くりかえす）
B　駆け出《い》で駆け出で、（五回くりかえす）
C　追いつ追われつ、（五回くりかえす）
D　進み退き、（五回くりかえす）
E　組んず組まれつ、（五回くりかえす）
F　討ちつ討たれつ、（五回くりかえす）

「異文平行読み」脚本例

CD 10

源氏＋平家　そののち双方、たがいに命を惜しまず、

A　さしつめ引きつめ、

＋B　駆け出で駆け出で、

＋C　追いつ追われつ、

＋D　進み退き、

＋E　組んず組まれつ、

＋F　討ちつ討たれつ、

A　さしつめ引きつめ、（五回くりかえす）

B　駆け出で駆け出で、（五回くりかえす）

C　追いつ追われつ、（五回くりかえす）

D　進み退き、（五回くりかえす）

E　組んず組まれつ、（五回くりかえす）

F　討ちつ討たれつ、（五回くりかえす）

源氏＋平家　いずれ劣れりとも見えざりけり。

8

異文重層法

「追いかけ」は同じ文章を輪唱のように追って読むが、この異文重層法は似ている技法であるが、それぞれが違う文章を追いかけていくように読む技法である。

また、最初に読み始めた人は後ろの人が終わるまで読み続ける。つまり、終わりをそろえるように読む。

これを脚本例でみると、読み手1は「ヒャイトロヒャイトロ　ヒャラリーリー　ヒャイトロヒャイトロ　ヒャラリーリー」を六回読み続ける。以下読み手2は読み手1が一回読み終わったあとから、自分の文章を五回読む。同様に読み手3は四回、読み手4は三回……と続いて読み、最後の読み手6の「ピーッ　ピーッ……」の最後の終了マーク「／」まで、六人が次つぎと言葉を追いかけるように重ねていく。

記号は「(」で表す。

「異文重層法」脚本例

CD 11

（1　ヒャイトロヒャイトロ　ヒャラリーリー　ヒャイトロヒャイトロ　ヒャラリーリー

（2　テンツクツクツク　テレツクツン　テンテンテレツク　テレツクテン

（3　チャンチャンチキチキ　チャンチキチ　チャンチキチキチキ　チャンチキチ

（4　ドンドンドロツク　ドロツクドン　ドンツクドンツク　ドロツクツン

（5　スコトンスコトン　デレツケデン　スットンドンドン　ドロツクドン

（6　ピーッ　ピーッ　ピーッ　ピーッ　ピーッ　ピーッ　ピーッ　ピーッ／

9 バック・グラウンド用法

異文平行読みの一種である。

片方が背景音になるように読む技法である。

たとえば、ソロ（アンサンブル）とコーラスが同時に読むとき、ソロは一人（アンサンブルは全体の六分の一位の声量）だが、コーラスは残りの六分の五位の声量だから、同時に読むと、コーラスの声が大きくなって、ソロ（アンサンブル）の声が聞こえなくなってしまう。

バック・グラウンド用法の場合、コーラスはソロまたはアンサンブルが聞こえるように読む。つまり、コーラスはソロやアンサンブルの声が聞こえるように、やや音量を落として読む。

声量を落とすとは小さく読むということで、勢いまでなくした弱々しい声で読まないように注意したい。

ここでは「無声音」を使うとよいだろう。無声音とは辞書には「声帯を震わせないで出す声」とあるが、子どもに教えるときには「たとえば、ないしょ話、ひそひそ話をするときのように読んでごらん」というとイメージを伝えやすい。

ただし、コーラスだけが読むところや、コーラスとほかのパートが同じ言葉の場合は、大声で読んでよい。

次のような脚本例の場合は、コーラスの「ヨイショコ　ショイ　ショイ　ヨイショコ　ショイ」「ヨイショコショイ　ショイ」はなるべく押さえて読み、アンサンブルの「松風ザンブ波ザンブ」「それそれ見えたぞ」を、グッと際立たせるように表現したい。

「バック・グラウンド用法」脚本例

CD 12

アンサンブル	コーラス
	ヨイショコ　ショイ　ショイ
	ヨイショコ　ショイ
ヨイショコ　ショイ　ショイ	ヨイショコ　ショイ　ショイ
ヨイショコ　ショイ	ヨイショコ　ショイ
地引だ地引だ	ヨイショコ　ショイ　ショイ
ヨイショコ　ショイ	ヨイショコ　ショイ
大人も子どもも	ヨイショコ　ショイ　ショイ

ヨイショコ　ショイ
それ引けやれ引け
ヨイショコ　ショイ

ヨイショコ　ショイ　ショイ

松風ザンブ波ザンブ
それそれ見えたぞ
ヨイショコ　ショイ

ヨイショコ　ショイ
ヨイショコ　ショイ　ショイ
ヨイショコ　ショイ＝
＝ショイ　ヨイショコ　ショイ

ヨイショコ　ショイ
ヨイショコ　ショイ　ショイ　ヨイショコ　ショイ
ヨイショコ　ショイ　ショイ
ヨイショコ　ショイ

10

様式化

あるルールに従って規則的に読む方法である。

次の脚本例は、「あめ」という言葉を続けて読むときの様式化の例である。規則的に「間」をとって読むようにしたものである。

丸数字が「間」をとる拍数である。あわせて「漸増法」も使っている。

「間」は、音に出さずに、心の中で「1、2、3、4」と数えるが、子どもたちの発達段階に応じて、手拍子やタンバリンなどで「間」をとる拍数を数えてやってもよい。

はじめは雨かな？　と思って空を見上げていたが、そのうちにぽつりぽつりと降ってきた雨。だんだんと強くなり、そしてざーっとひどい降り方になってきたことを、「間」をしだいに短くすることで表現している。

「様式化」脚本例

CD 13

A　あめ

④

＋B　あめ

③

＋C　あめ

②

＋D　あめ

①

＋E　あめ

＋F　あめ

＋G　あめ

＋H　あめ

11

くりかえし

一度読んだ文をくりかえす読み方である。「やまびこ用法」ともいう。「やまびこ」だから、くりかえした言葉は小さく表現するが、ときには、表現上の効果を出すために大きくすることもある。

脚本例は、「和尚さんと小僧さん」（北原白秋作・家本芳郎編）の一節である。欲張り和尚さんに、とんちをきかせて、小僧さん（アンサンブル）が対抗するというユーモラスな内容である。

くりかえしの技法を使って、そのおかしさを表現している。アンサンブルは和尚さんに対して囃し立てるように、バックコーラスはいたずらっぽく読む。

「くりかえし」脚本例

CD 14

		コーラス（バックコーラス）
ナレーター	しかたなく和尚さま	
	焼いたはしから	
和尚	そらお食べ	そらお食べ
アンサンブル	そらお食べー	そらお食べ
ナレーター	煮立ったはしから	そらそらお食べ
和尚	そらお食べ	そらお食べ
アンサンブル	そらお食べー	そらお食べ
和尚	みんな食べられ	
全員	みんな食べられこまり餅、こ、ま、り、も、ち	

12

移動／オーバーラップ

ある文章の読み手が途中で入れ替わって、別の人が読みすすめていく技法。

よく、テレビドラマなどでも使われることもあるが、手紙を読んでいるとき、はじめはもらった人（a）が読んでいるのだが、手紙の途中から手紙を出した（b）の声が入り、しばらく、（a）と（b）で読んだあと、差出人の（b）の声に移っていく読み方がある。

次の例は、加奈子（a）が母（b）から届いた手紙を読む場面である。受取人（a）から差出人（b）へと移動していく場面である。

「移動／オーバーラップ」脚本例

CD 15

ナレーター　年を越すと加奈子の東京での生活は三年目を迎える。
今年こそお正月にふるさとへ帰ろうと加奈子は思っていた。

そこへ母から手紙が届いた。

加奈子　加奈子さんお元気ですか。こちらは、あいかわらずみんな忙しそうにしています。あなたの好きなリンゴを送りました。次のお正月は帰ってきますか。じつはお父さんの検査結果が……

母　……お正月は帰ってきますか。じつはお父さんの検査結果が先日わかったのです。お父さんにはまだ伝えていませんが……

13

ストップ・アンド・リプレイ

「好プレー珍プレー」という、野球の名シーンや失敗シーンを特集するテレビ番組がある。この中で、たとえば、「ボールがおでこに当たった」場面を続けて流すことがある。何回も同じ場面を見ることでおかしさが増幅するからである。

これを読みに応用したのがストップ・アンド・リプレイである。

文章を一度そこで止め、その後、同じ部分を何回かくりかえして読む。こうすることでユーモラスな表現になる。文意にもよるが、一般にやや早目のテンポで読んでいくとよい。

また、漸増法と組み合わせるといっそう効果的である。

「ストップ・アンド・リプレイ」脚本例

CD 16

ソロ	アンサンブル	コーラス
すっとびとびすけ		すっとんとーん

	すっとんだ	すっとんとーん
ふじさん飛び越え		すっとんとーん
	すっとんとーん	すっとんとーん
すととん		
	すととん	
		すっとんとーん
びわこをまたいで		
またいで	またいで	
またいで	またいで	またいで
	(間)	
すととんすととん	すととんすととん	すととんすととん
すっとんとん	すっとんとん	すっとんとん
すととん		
	すととん	
		すっとんとーん

14

わたり

文章を分読して、最後に全員でもう一度くりかえして読む技法である。

長い文章を一人で読むと単調になり聞き手が飽きてくるので、文をいくつかに区切って読み、最後にその文章を全員でもう一度読む。

区切った文を次々に読むとき、リズムが乱れると文の流れがとぎれて聞き難くなるので、それぞれの読み手は、一定のリズムで読むように心がける。

また、声の大きさをそろえるようにする。

「わたり」脚本例

CD 17

A　ころは三月二四日《にじゆうしにち》のことなれば、

B　海事《うなじ》遙かにしみわたる、

C　ただおおかたの春だにも、

D　暮れゆく空はものうきに、
E　いわんやきょうを限りのことなれば、
F　哀《あわ》れをもよおすばかりなり。
全員　ころは三月二四日のことなれば、
海事遙かにしみわたる、ただおおかたの春だにも、
暮れゆく空はものうきに、
いわんやきょうを限りのことなれば、
哀れをもよおすばかりなり。

15

わり

「わたり」同様、長い文章を読むときの単調さを避ける工夫である。

「わたり」は三人以上で読むが、「わり」は二つに割って交互に読む。

二つのグループに割って（分けて）読んでもよい。「わたり」と同じよう、分けて読んできた文を、最後に全員でもう一度読むのが原則である。

「わり」脚本例

CD 18

A　流れる星の数々は、
B　枝の間に散り落ちて、
A　千万億の葉をふるう、
B　今年の秋の真夜中の、
A　霜に染め出す文字の数、

B　つなぎつながる物語。
AB　流れる星の数々は、
枝の間に散り落ちて、
千万億の葉をふるう、
今年の秋の真夜中の、
霜に染め出す文字の数、
つなぎつながる物語。

16

誦《しょう》導《どう》

もっとも基本的な読み方の一つである。

一人が読みの手本を示し、その後をほかの読み手が読んでいく。連れ読みともいう。

学校の授業で、教師が模範的な読み方を教えたあと、子どもたちが教師の後を一文ずつ読んでいくという場面があるが、これが誦導である。

脚本例では、ユーモラスな詩を取り上げた。

ソロが「今夜は一五夜、うすあかり」と読むと、残り全員が「今夜は一五夜、うすあかり」とくりかえす。

ソロがおどろおどろしく、または軽快にいかにおもしろく読むかで、ほかの読み手もつられておもしろく読むようになる。

「誦導」脚本例

CD 19

ソロ　今夜は一五夜、うすあかり
全員　今夜は一五夜、うすあかり
ソロ　草木も眠る、うしみつに
全員　草木も眠る、うしみつに
ソロ　ひとかげ、しずかに近づいた
全員　ひとかげ、しずかに近づいた
ソロ　黒いマントに　黒メガネ
全員　黒いマントに　黒メガネ
ソロ　黒い帽子に　黒ズボン
全員　黒い帽子に　黒ズボン
ソロ　にやりと笑って、かけだした
全員　にやりと笑って、かけだした
ソロ　シュワッ、シュワッ
全員　シュワッ、シュワッ

ソロ　風か、光か、稲妻か
全員　風か、光か、稲妻か
ソロ　シュワッ、シュワッ
全員　シュワッ、シュワッ
ソロ　これぞ稲妻、黒ずきん
全員　これぞ稲妻、黒ずきん
ソロ　これぞわれらの　黒ずきん
全員　これぞわれらの　黒ずきん
ソロ　シュワッ、シュワッ
全員　シュワッ、シュワッ

17

交《こう》誦《しょう》

個人対個人で交互に言いあう。または二つのグループで言いあう。

先に紹介した「わり」と似ているが、「わり」は、長い文章を一人で読んでいくと単調になりやすいので交互に読むのに対し、交誦は、次の脚本のように、言葉のやりとりを二人（二グループ）である、いわば掛け合いのようなものである。

「交誦」脚本例

CD 20

A　おーい
B　なんだーい
A　ヤッホー
B　ヤッホーがなんだー
A　ちゃんと聞けよ

B　聞いてるさ、うるさいなあ
A　うるさいとはなんだい
B　うるさいからうるさいのさ
A　なんだとー
B　やるかー
A　あかんべーだ
B　どかんでへー
A　がらがらぽんのブー
B　おたんこなすのへー
A　まねするな
B　そっちこそまねするな
A　次はどうした?
B　そっちこそどうした
A　べーっだ
B　いーっだ
A　もうやーめた、へーん!
B　こっちこそやーめた、ふーん!

Ⅲ章

いろいろな表現の技法

1

高出し

高く強い声で読みはじめる技法。聞いている人は、突然の大声に意表をつかれ、はっと驚いて「何だろう」と、より集中しいて聞くようになる。

戦記物によく使われる技法である。群読脚本「壇の浦の合戦」では、題名読みから高出しすることで、聴衆をいち早くその世界に引き込むことができる。

2

修羅場《しゅらば》読み

修羅場とは戦闘場面のことである。緩急でいうと「急」の読み方の一つである。

やや早口で、激しく高揚しながら読む。いっきにまくし立てるように読み、荒々しく、いままさに戦いのまっただ中であるという状況を強調する。

群読脚本「壇の浦の合戦」でみると、「源平双方陣を合わせてときをつくる」が修羅場読みの部分である。

3 気どり

「気どり」とは、様子をそれらしくみせることである。

必要以上に大げさに、抑揚をつけて朗々と読む。その場面が思い浮かぶように読む。講談師や落語家などの話し方を参考に、自分なりの気取り読みを工夫したいものである。

4 点・丸の交換

「明日から楽しい夏休みです。しかし、遊んでばかりではいけません」と、子どもに話すときに、「明日から楽しい夏休みです、しかし。遊んでばかりではいけません」というように、「夏休みです」

で区切るのでなく、「しかし」まで一気に読んでしまって、そこで区切る。すると「しかし」が強調されることになって、聞き手である子どもたちは、「はっとして」何だろうと集中して聞く。

このように、わざと読点と句点を交換し（入れ替え）て読むことで、聞き手を集中させる。

以上、四つの表現技法をまとめて説明したが、それらを使った群読の脚本例として、『平家物語巻の十一より　壇の浦の合戦』の一節を紹介する。

「高出し、修羅場読み、気どり、点・丸の交換」脚本例

CD 21

〈読み手〉ナレーター　四名

源氏方　四名

平家方　四名

なお源氏方、平家方の八名の読み手で、四つのパートをつくる。源氏方一名と平家方一名の二名一組のペアで、ＡＢＣＤのパートに分ける。

平家物語　巻の十一より　壇の浦の合戦

ほら貝の音

ナレーター1　時こそ来《きた》れ、元暦《げんりやく》二年春三月、

2　門司《もじ》、

+3　赤間《あかま》、

+4　壇の浦に、

源氏方　源氏の船は三千余艘《ぞう》、

平家方　平家の船は千余艘、

源氏方　源氏の勢《せい》は数《かず》を増し、

平家方　平家の勢は落ちぞ行く。

源氏+平家　二四日《にじゆうしにち》の卯《う》の刻《こく》に源平矢合わせとぞ定めける、すでに。源平双方陣を合わせてときをつくる。

A　B　上《かみ》は梵天《ぼんてん》までも聞こえ、

C　D　下《しも》は竜神《りゆうじん》も

源氏+平家　驚くらんとぞ覚えける。

5

たたみかけ

前の文を読んだ後、間をおかずに、すぐに次の文をたたみかけるように読んでいく技法。たたみかけなので、一回だけでなく、二回、三回と続ける。こうすることで、詩文に込められた主張を強調することができる。

「たたみかけ」脚本例

CD 22

A　人間の勝利

B　人間はみな苦しんでいる

CD　何がそんなにきみたちを苦しめるのか

B　しっかりしろ

C　（すぐに）人間の強さにあれ

D　（すぐに）人間の強さに生きろ

B　苦しいか
A　（すぐに）苦しめ
D　（すぐに）それでこそ、人間だ

6 終末効果

最後を強調して読む方法である。終末効果には、次のような工夫がある。
①群読脚本1のように、フェイドアウトをする（次第に消えていくように読む）。
②群読脚本2のように、最後に「大漁だ！」と、全員で必要以上に大きな声で大げさに読む。
③最後に同じ語句をくりかえす。
群読脚本例1も2も「地引き網」（西条八十作・家本芳郎編）を改編したものだが、どちらも「ヨイショコ　ショイショイ」をくりかえしている。くりかえしによって、大漁の喜びを表現している。
④終わる寸前に「間」をとる。
次の例は、AからDの四グループに分かれて「祭りだ」を漸増したあと、間を二拍（○のところ）とって、最後に全員で「お祭りだ」と読む。間をとることで、聞く人が「はっ」として、最後の強調がいっそう効果的になる。

A　祭りだ
＋B　祭りだ

＋C　祭りだ
＋D　祭りだ
　　　○
　　　○
全員　お祭りだ

⑤動作を入れる。
たとえば、「やまびこ」に関係のある詩を群読したあと、最後に読み手全員が手をメガホンのように口に当てて、「やっほー」と読む。

または「それはきみとぼくとのないしょの話」という文を最後に群読したあと、読み手が人差し指を口元にたてて、「シーッ」と「秘密だよ」というポーズをとるというように。

「終末効果」脚本例①

CD 23

アンサンブル	コーラス
大漁だ　大漁だ　ヨイショコショイ	大漁だ　ヨイショコショイ
大漁だ　大漁だ　ヨイショコショイ	大漁だ　大漁だ　ヨイショコショイ
ヨイショコ　ショイショイ	ヨイショコ　ショイショイ
ヨイショコショイ	ヨイショコショイ
（三回くりかえしながら、	だんだん小さく）
ヨイショコ　ショイショイ	ヨイショコ　ショイショイ
ヨイショコショイ	ヨイショコショイ
ヨイショコ　ショイショイ	ヨイショコ　ショイショイ
ヨイショコショイ	ヨイショコショイ
ヨイショコ　ショイショイ	ヨイショコ　ショイショイ
ヨイショコショイ	ヨイショコショイ

「終末効果」脚本例②

CD 24

アンサンブル	コーラス
大漁だ　大漁だ　ヨイショコショイ	大漁だ　ヨイショコショイ
大漁だ　大漁だ　ヨイショコショイ	大漁だ　大漁だ　ヨイショコショイ
ヨイショコ　ショイショイ	ヨイショコ　ショイショイ
ヨイショコショイ	ヨイショコショイ
（三回くりかえしながら、	だんだん小さく）
ヨイショコ　ショイショイ	ヨイショコ　ショイショイ
ヨイショコショイ	ヨイショコショイ
ヨイショコ　ショイショイ	ヨイショコ　ショイショイ
ヨイショコショイ	ヨイショコショイ
ヨイショコ　ショイショイ	ヨイショコ　ショイショイ
ヨイショコショイ	ヨイショコショイ
（最後は大きな声で読む）	
ヨイショコ　ショイショイ	ヨイショコ　ショイショイ
大漁だ！	大漁だ！

6 ヘテロフォニー

意図的に各自がわずかにずれた感じで読む方法。

次の脚本の「＊」印の部分は、漸増法（声の足し算）と追いかけだが、きっちりとそろえず、わずかにずらして読む。

乱れ読みはそれぞれの読み手が、自分のペースでリズムを崩してバラバラに読むが、ここで取り上げたヘテロフォニーは、リズムを保ったまま、ほんの少しずらした感じで読むようにする。

この脚本では、ヘテロフォニーを使うことで、忍者がおどろおどろしく登場するユーモラスな感じが出てくる。

「ヘテロフォニー」脚本例

CD 25

わたし　　わたしのおへやのすみっこに
＋ぼく　　なまけ忍者がかくれてる

忍者1　かくれてる
＋忍者2　＊かくれてる
＋忍者3　＊かくれてる
わたし　わたしが勉強していると
＋ぼく　なまけ忍者の低い声
忍者1　ちょっとテレビをつけてくれ
忍者1　ちょっとテレビをつけてくれ
忍者2　＊ちょっとテレビをつけてくれ
忍者3　＊ちょっとテレビをつけてくれ

8 頭づけ

「雨が降れば小川ができ、風が吹けば山ができる」という文を例に、頭づけを考えてみる。

日本語の常識では、「雨が」「降れば」「小川が」「できる」という文節で分けるが、「雨が」や「小川が」の「が」という助詞をあえて、次の文節のはじめ（頭）につける。「が降れば」「ができ」というように。日本語の読み方のルールからは逸脱しているが、意味は通じる。こうすることで語感の楽しさを味わうことができる。

読点や句点、息つぎの常識にとらわれずに、このような自由な発想で文を切ってみると、愉快な分読ができる。

「頭づけ」脚本例

CD 26

ソロ　雨

全員　が降れば

ソロ　小川
全員　ができ
ソロ　風が
全員　吹けば
ソロ　山
全員　ができる
ソロ　ヤッホー
全員　ヤッホホホ
ソロ　さみしい
全員　ところ
ソロ　ヤッホー
全員　ヤッホホホ
ソロ　さみしい
全員　ところ

9 転《てん》調《ちょう》

転調とは、途中で調子を変えることである。しかし調子が変わるときは、必然性がなければならない。脚本例でみると、「／」の位置で主語が替わるので調子を変えて読むようにする。

具体的には声の出し方を、高い声↑↓低い声、強い声↑↓弱い声、明るい声↑↓暗い声、大きい声↑↓小さい声、ゆっくり↑↓速く、というように変化をつけていく。

「転調」脚本例

CD 27

大造じいさんは、ぐっと銃を肩に当て、残雪をねらいました。／残雪が、なんと思ったかふたたび銃をおろしてしまいました。ただ、救わねばならぬなかまのすがたがあるだけでした。いきなり、敵にぶつかっていきました。

10

破《は》調《ちょう》

破調とは、文字通りそれまで読んでいた調子を変える読み方である。

次の数え歌を例に考えてみよう。

各行をテンポよく読んでいくが、ずっと同じリズムですすむと単調になり、飽きてくる。そこでわざと読みの調子を破って、変化をつける。この技法を破調という。

テンポだけでなくイントネーションも変える。たとえば「急から緩へ」「強から弱へ」「大から小へ」というようにである。

この脚本では漸増法と破調を併用している。

「＊」の行（六行目）だけ破調する。ここでは「むかむか」はとくに「か」に強いアクセントをおいて、あえてゆっくり読む。こうして、とぼけたような、おどけたような感じを出す。二回目の「むくれてる」は、もとの調子に戻すための中間の調子で、どちらかというと、もとの調子に近い感じで読む。こうすると、もとの調子に戻りやすくなる。

「破調」脚本例

1　ひとつ　ひとりで　ひまつぶし
＋2　ふたつ　ふたりで　ふざけたら
＋3　みっつ　みんなの　こえがして
＋4　よっつ　ようやく　かくれんぼ
＋5　いつつ　いつでも　おにばかり
6　＊むっつ　むかむか　むくれてる　むくれてる
1〜7　ななつ　なんとか　なかなおり
＋8　やっつ　やめたく　なくなって
＋9　ここのつ　こんなに　くらくなり
＋10　とうで　とうとう　しかられた

CD
28

Ⅳ章

多くの技法を用いた群読例

◆◆小学校六年生が挑んだ唱歌《しょうが》「祭囃子《まつりばやし》」◆◆

Ⅱ章、Ⅲ章でいろいろな群読や表現の技法をみてきたが、実際に群読をするには、脚本が必要になる。群読は新しい文化なので、群読のために書かれた作品は少ない。そこで、脚本を創作するか、詩歌や物語の中から群読に適する作品を選ぶことになる。わたしは、次のような点を基準にしている。

①読んでみてリズム感のある文　②韻をふんでいる文　③多くの人物が登場する作品

④二人の掛け合いとなっている作品　⑤一人称の作品でもいろいろな声が登場する作品

そして群読脚本には、いろいろな技法を取り入れるが、それには理由がある。

たとえば、「春だ　春だ　春だ　今飛びたとう」という文を、

　1　　春だ

＋2　　春だ

＋3　　春だ

全員　今飛びたとう

と、漸増法を使うことで、春が来た喜びがじわじわと沸き上がってきたことを表現できる。こうしたことを念頭に、脚本つくりにチャレンジしていただきたい。その参考にさまざまな技法を駆使した群読例として、唱歌「祭囃子」を紹介する。

「唱歌」は「しょうが」と読む。雅楽や能、囃子など日本の伝統音楽の用語である。琴や尺八、太鼓や三味線などの楽器の学習に使った言葉で、楽器の旋律やリズムを口で唱えることである。音を言葉にかえるという知恵である。

現代では旋律やリズム歌詞など、必要な要素をすべて楽譜に書き込むが、楽譜が一般化していない時代にあっては、お師匠さんがお弟子さんへ旋律や音名などを口うつしで教えていたという。

こうした伝統的な声の文化である唱歌を群読脚本化し、広く普及し、その楽しさを伝えたいと思っている。「祭囃子」は、祭りでにぎわう様子を三味線や当《あ》たり鉦《がね》、太鼓や笛などの音で表現した唱歌である。

群読が音楽的であることを実感できる題材でもある。

漸増、漸減、追いかけ、異文平行読み、バック読み、異文重層法といった、多様な技法を組み合わせている群読脚本である。はじめからこの脚本に取り組むのはたいへんかと思うが、群読の一つの到達点と考えられる作品であると思う。

なお、ＣＤに収録した群読・唱歌「祭囃子」は、学級担任の指導による岩手県水沢市立南小学校六年生三クラス、九五名の「学年群読」である。指導されたのは鈴木千恵子、小野寺英、工藤芳和の各先生。見事な群読をＣＤの音声でお確かめいただきたい。

唱歌「祭囃子」

家本　芳郎編

CD 29

〈読み手〉

・ソロ1　2　3　4　5　6

〈演出ノート〉

・漸増、漸減、追いかけ、異文平行読み、バック読み、異文重層法などの技法を脚本のとおりに読む。

・本来は、ソロ1　2　3　4　5　6　であるが、人数に応じて、六つのグループをつくって読むことも可能である。

・記号の＝はバック読み（バックコーラス）。

〈群読脚本〉**唱歌「祭囃子」**

1　　オヒーリア　ヒー

2　　テン

4　　ド　ド　ド

＋3　ド　ド　ド

6　ドン
1　オヒーリア　ヒー
2　テン　テン　テン　テンテンテンテン
3　テンツクツクツク　テンツクツン
＋4　テンツクツクツク　テンツクツン
＋5　テンテンテレツク　テレツケテン
＋6　テンテンテレツク　テンツクテン
全員　テレツクストトン　テレツクテン
2　テンツクツクツク　テンツクツン　テンテンテレツク　テレツクテン
3　テンテンテレツク　テレツクテン　テレツクストトン　テレツクテン
4　テレツクストトン　テレツクテン　テンテンツクツク　テンツクテン
5　テンテンツクツク　テンツクテン　テンツクツクツク　テンツクツン
2　テレツクストトン　テレツクテン　テンテンツクツク　テンツクテン
3　テンテンツクツク　テレツクテン　テンツクツクツク　テンツクツン
4　テンツクツクツク　テンツクツン　テンテンテレツク　テレツクテン
5　テンテンテレツク　テレツクテン　テレツクストトン　テレツクテン
1　ヒャイトロヒャイトロ　ヒャラリーリー

3　チャンチャンチキチキ　チャンチキチ
4　チャンチキチキチキ　チャンチキチ
5　チャンチキチキチキ　チャンチキチ
6　チャンチキチキチキ　チャンチキチ
2 3　チャンチキチキチキ　チャンチキチ
全員　チャンチャンチキチキ　チャンチキチ
1　ヒャイトロヒャイトロ　ヒャラリーリー
4　ドンドンドンドン　ドロツクドン
＋3　ドロツクドロツク　ドロツクドン
＋5　ドロドロドロドロ　ドロツクドン
＋6　ドンツクドンツク　ドロツクツン
＋1　ドンツクドロドロ　ドロツクツン

2
テンツクテンツク　テンツクツン
テンツクテンツク　テンツクツン
テンツクテンツク　テンツクツン
テンツクテンツク　テンツクツン
テンツクテンツク　テンツクツン

2　ドンツクドンツク　ドロツクツン　ドンツクドロドロ　ドロツクツン
3　ドンツクドロドロ　ドロツクツン　ドンドンドンドン　ドロツクドン
4　ドンドンドンドン　ドロツクドン　ドロツクドロツク　ドロツクドン
5　ドロツクドロツク　ドロツクドン　ドロドロドロドロ　ドロツクドン
6　ドロドロドロドロ　ドロツクドン　ドンツクドンツク　ドロツクツン

全員　ドンドンドロツク　ドロツクドン　ドンドンドロツク　ドロツクドン
1　ヒャイトロヒャイトロ　ヒャラリーリー
5　スコトンスコトン　デレツケデン
＋6　スットンドンドン　ドロツクドン
234　チャンチャンチキチキ　チャンチキチ（だんだんゆっくり）
−2　チャンチキチキチキ　チャンチキチ
−4　チャンチキチキチキ　チャンチキチ
4　ドンドンドンドン　ドロツクドン
1　オヒャイヒャイトロ　ヒャイトロロ
1　ヒャイトロヒャイトロ　ヒャラリーリー
＋2　テンツクツクツク　テンツクツン
＋4　ドンドンドロツク　ドロツクドン
＋5　スコトンスコトン　デレツケデン
＋6　ピーッ　ピーッ　ピーッ　ピーッ
1　ヒャイトロヒャイトロ　ヒャラリーリー
＋2　テンツクツクツク　テンツクツン
＋3　チャンチャンチキチキ　チャンチキチ

3
チャンチキチキチキ　チャンチキチ
チャンチキチキチキ　チャンチキチ
チャンチキチキチキ　チャンチキチ
チャンチキチキチキ　チャンチキチ
チャンチキチキチキ　チャンチキチ

4
ドンドンドロツク　ドロツクドン
ドンドンドロツク　ドロツクドン
ドンドンドロツク　ドロツクドン

＋5　スコトンスコトン　デレツケデン　　ドンドンドロツク　ドロツクドン
＋6　ピーッ　ピーッ　ピーッ　ピーッ　　ドンドンドロツク　ドロツクドン
（1）ヒャイトロヒャイトロ　ヒャラリーリー　ヒャイトロヒャイトロ　ヒャラリーリー
（2）テンツクツクツク　テンツクツン　テンテンテレツク　テレツクテン
（3）チャンチャンチキチキ　チャンチキチ　チャンチキチキチキ　チャンチキチ
（4）ドンドンドロツク　ドロツクドン　ドンツクドンツク　ドロツクツン
（5）スコトンスコトン　デレツケデン　スットンドンドン　ドロツクドン
（6）ピーッ　ピーッ　ピーッ　ピーッ　ピーッ　ピーッ　ピーッ　ピーッ／

1　オヒャイヒャイトロ　ヒャイトロロ　ヒーヒャラヒーヒャラ　ヒャラリーリー
2　テンツクツクツク　テンツクツン　テンテンテレツク　テレツクテン
3　チャンチャンチキチキ　チャンチキチ　チャンチキチキチキ　チャンチキチ
4　ドンドンドロツク　ドロツクドン　ドンツクドンツク　ドロツクツン
5　スコトンスコトン　デレツケデン　スットンドンドン　ドンツクドン
6　ピーッ　ピーッ　ピーッ　ピーッ　ピーッ　ピーッ　ピーッ　ピーッ

1　オヒャイヒャイトロ　ヒャイトロロ　ヒャイトロヒャイトロ　ヒャラリーリー
2　テンツクツクツク　テンツクツン　テンテンテレツク　テレツクテン
3　チャンチャンチキチキ　チャンチキチ　チャンチキチキチキチキ　チャンチキチ

4　ドンドンドロツク　ドロツクドン　ドンツクドンツク　ドロツクツン
5　スコトンスコトン　デレツケデン　スットンドンドン　ドンツクドン
6　ピーッ　ピーッ　ピーッ　ピーッ　ピーッ　ピーッ
1　オヒャイヒャイトロ　ヒャイトロロ　ヒーヒャラヒーヒャラ　ヒャラリーリー
2　テンツクツクツク　テンツクツン　テンテンテレツク　テレツクテン
3　チャンチャンチキチキ　チャンチキチ　チャンチキチキチキ　チャンチキチ
4　ドンドンドロツク　ドロツクドン　ドンツクドンツク　ドロツクツン
5　スコトンスコトン　デレツケデン　スットンドンドン　ドンツクドン
6　ピーッ　ピーッ　ピーッ　ピーッ　ピーッ　ピーッ
全員　ヒャイトロヒャイトロ　ヒャラリーリー　（以下、だんだん小さく）
―6　ヒャイトロヒャイトロ　ヒャラリーリー
―5　ヒャイトロヒャイトロ　ヒャラリーリー
―4　ヒャイトロヒャイトロ　ヒャラリーリー
―3　ヒャイトロヒャイトロ　ヒャラリーリー
―2　ヒャイトロヒャイトロ　ヒャラリーリー…………
4　ドン（軽く）

2　年に１回、全国的規模の研究集会を開いています。第１回集会を、2002年７月30日に東京で開きました。以降毎年夏に、大分県湯布院、東京、富山市、東京と開催してきました。今年（2007年）は北海道札幌市・定山渓温泉、2008年は神奈川県で開催する予定です。

3　出版活動もしています。『いつでもどこでも群読』『続・いつでもどこでも群読』（共に高文研）に続いて、随時、《群読実践シリーズ》を出版していく予定でいます。

4　群読の脚本やその実践を研究資料として収集し、『会報』をとおして会員に紹介しています。現在『日本群読教育の会・会報』は八〇号まで発行しています。

●──「日本群読教育の会」の活動について

日本群読教育の会は2002年７月30日、東京で開催した全国研究集会で正式に発足しました。「群読の楽しさを学び合いましょう」を合い言葉に活動しています。

群読の意味や歴史的背景をふまえながら、日本語のもつ美しい言葉の響きをじっさいに声を出して読みながら、その技法を体験的に学んでいます。とても楽しい活動です。

また、いろいろな場所で実際に群読に取り組んだ活動を群読脚本の実践資料として収集しています。「国語の授業に取り入れてみようかな」「学級会や朝の会など学級活動でやってみよう」

「演劇の中で群読ができそうだ」「入学式や卒業式などの学校行事に活用すると盛り上がるね「地域の活動や職場の行事に取り入れるとさらに深く楽しい取り組みになりそうだな」

群読に関心を持つ方なら、だれでも気楽に参加できます。

「群読って何だろう」、群読とははじめて出会うという方、大歓迎です。さらに深く身につけたいという方もお待ちしています。ぜひ、日本群読教育の会にご入会ください。

入会をご希望のときは、その旨を事務局長または、知り合いの事務局員や常任委員にご連絡ください。詳しくは、日本群読教育の会のホームページ（http://gundoku.web.infoseek.co.jp/）をご覧ください。

みんなで楽しく活動しながら、群読の輪を大きく広げていきましょう。

本会は次のような活動をしています。

1　年に数回、全国各地で、群読を体験しながら楽しく学ぶワークショップを開いています。

日本群読教育の会

「声の文化」としての群読を研究し、実践する有志の会として発足。年に一度の全国研究大会をはじめ、群読実技講座の開催や会員の実践記録集の出版、月に一回の会報を発行している。
ホームページ http://gundoku.web.infoseek.co.jp/

重水健介（しげみず・けんすけ）

1958年、長崎県に生まれる。現在、長崎県西海市立大瀬戸中学校教諭。担当教科は数学。全国生活指導研究協議会、日本群読教育の会の活動に参加し、日本群読教育の会では事務局長を務める。
編著書：『学級活動・行事を彩る群読』『続・いつでもどこでも群読』（以上、高文研）『中学校子どもが変わるどう指導する問題場面80事例』（ひまわり社）『すぐつかえる学級担任ハンドブック 中学校２年生』（たんぽぽ出版）など。

《群読》実践シリーズ **すぐ使える群読の技法**

●2007年３月10日――――――――第１刷発行
●2010年10月１日――――――――第３刷発行

編　著　者／日本群読教育の会＋重水健介

発　行　所／株式会社 高 文 研
東京都千代田区猿楽町２－１－８（〒101-0064）
☎03-3295-3415　振替口座／00160-6-18956
ホームページ　http://www.koubunken.co.jp

組版／ＷｅｂＤ（ウェブ・ディー）
印刷・製本／三省堂印刷株式会社

★乱丁・落丁本は送料当社負担でお取り替えします。

ISBN978-4-87498-376-8　C0037